D1726442

Das Buch sammelt neu erzählte alte, uralte Sagen aus einer Zeit, in der auf eigene Faust eine Antwort auf noch unbeantwortete Fragen erdacht wurde. Seltsame Geschichten erreichen uns: von dem Mädchen, das den Grislibären heiratete und die Macht erhielt, sich selbst in einen Bären zu verwandeln; von den Zwillingskindern, die vor Trauer über die böse Mutter ins Sternenzelt sprangen; vom Teufel, der versuchte, dem Widder Leben einzugeben, um wie Gott zu sein; vom Wolf, der den Widder in der Arche Noah tötete . . . Jede Sage wird eingeleitet von einem Bild aus Himmel und Erde. Magisch ist die Verwirklichung der himmlischen Zeichen: in den Farben, die die Endlosigkeit des Raumes spiegeln, in der Feinheit auch des allerletzten kleinen Details. „Griechische, indisch-orientalische, indianische, auch pazifische, slawische und germanische Sagen haben längst vor Science-fiction die Sterne zum Schauplatz, haben Götter, Menschen und Tiere in Gestirne verwandelt. Zu den Nacherzählungen solcher Überlieferung entstanden Monika Beisners farbleuchtende Bilder: Ein dekorativ schönes Geschenk für die Freunde von Tieren, Märchen und Sternen!"
Westermanns Monatshefte

insel taschenbuch 587
Das Sternbilderbuch
ein insel taschenbuch
für kinder

DAS STERN BILDER BUCH

MIT BILDERN
VON MONIKA BEISNER
UND ALTEN LEGENDEN
INSEL VERLAG

NACHERZÄHLT VON INGRID WESTERHOFF

insel taschenbuch 587
Erste Auflage 1981
© Insel Verlag Frankfurt am Main 1979
Alle Rechte vorbehalten
Vertrieb durch den Suhrkamp Taschenbuch Verlag
Umschlag nach Entwürfen von Willy Fleckhaus
Druck: Kösel GmbH, Kempten
Printed in Germany

INHALT

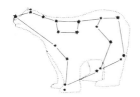

WASSERSCHLANGE 25

DRACHE 28

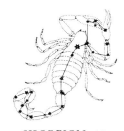

SKORPION 32

KREBS 35

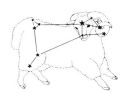

WIDDER 39

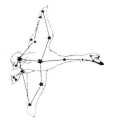

SCHWAN 42

WALFISCH 46

FISCHE 49

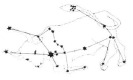

STIER 54

WOLF 57

STEINBOCK 60

TAUBE 63

WIE DIE STERNE ENTSTANDEN

Als die Erde eben erschaffen und der Boden noch ganz weich war, gab es weder Täler, noch Hügel, noch Gebirge. Nur Riesen gab es; mit gewaltigen Schritten gingen sie über das Land. So schwer wogen die Riesen, daß sich jeder Schritt tief in den Boden eingrub; so entstanden die Täler, die Hügel und die Gebirge.

Am Firmament, das sich hoch über der Erde wölbte, stand noch kein einziger Stern, nur die strahlende Sonne und der silberne Mond wechselten einander ab. Wenn die Sonne schien, war es hell auf der Welt; kam aber der Mond, blieb die Erde mit ihren Tälern, den Hügeln und Gebirgen dunkel, und es herrschte Nacht. Um die Nacht zu vertreiben, warfen die Riesen große Kugeln aus Erde an das Himmelsgewölbe. So durchlöcherten sie das Firmament, und durch die Öffnungen hindurch funkelte das innere Licht des Himmels.

So entstanden die *Sterne*.

ADLER

Es war einmal ein armer Kuhhirte, der Tag für Tag mit der Kuh des Bauern auf die Weide ging. Als sie groß und fett war, ihr Fell wie Gold glänzte, glaubte jedermann, sie sei eine Götterkuh. Eines Tages sagte die Kuh: »Heute ist ›Siebenabend‹; da baden die Töchter des Götterherrn im Himmelssee. Die siebente, die Spinnerin, ist die Schönste. Für Himmelskönig und Himmelskönigin spinnt sie Wolkenseide und wacht über die Näharbeiten der Erdenmädchen. Gehst du zum Himmelssee und nimmst ihr das Kleid fort, so wirst du ihr Mann und erlangst Unsterblichkeit.«

»Wie aber soll ich zum See gelangen, der im Himmel liegt?« fragte der Kuhhirte verwundert.

»Steig auf«, erwiderte die Kuh. Der Knabe setzte sich auf ihren Rücken, und im selben Augenblick entströmten den Hufen große weiße Wolken, auf denen sie sich in die Lüfte erhob. Pfeilschnell flogen sie auf das Himmelsgewölbe zu, und schon sagte die Kuh: »Wir sind da!« Der Kuhhirte sah sich staunend um: Zwischen funkelnden Bäumen und Sträuchern aus Edelsteinen, Gras aus Jaspis und Blumen aus Korallen lag ein grüner See mit goldenen Fischen darin. In der Mitte des Himmelssees badeten die neun Töchter des Götterherrn. Ihre Kleider lagen am Ufer. »Nimm das rote und versteck es«, sagte die Kuh; »es gehört der Spinnerin. Gib es ihr erst zurück, wenn sie verspricht, deine Frau zu werden.« Der Knabe ging, nahm das Kleid, und als er es verstecken wollte, sahen ihn die Mädchen und erschraken: »Woher kommst du, daß du es wagst, das Kleid zu nehmen?« fragten sie. »Leg es zurück!« Der Kuhhirte aber verbarg sich hinter einer Korallenblume. Da schwammen acht

der Jungfrauen ans Ufer, zogen ihre Kleider an und ließen die Spinnerin allein zurück. Sie flehte: »Gib mir mein Kleid.« Der Kuhhirte lachte: »Nur wenn du versprichst, meine Frau zu werden.«

»Ich bin eine Tochter des Götterherrn«, erwiderte sie, »wie sollte ich ohne seinen Befehl einwilligen dürfen?« Die Kuh aber sprach: »Ich will die Heirat schon vermitteln.« Da antwortete die Spinnerin: »Du bist ein unvernünftiges Tier, nie würde dir mein Vater Gehör schenken.«

»So frag den alten Weidenbaum am Ufer. Kann er sprechen, ist eure Heirat vom Himmel gewollt.«

Als die Jungfrau die Weide fragte, antwortete der Baum:
»Am Siebenabend muß es sein.
Da wird der Kuhhirt die Spinnerin frein!«
Da wurden sie Mann und Frau. Nach sieben Tagen mußte die Spinnerin zum Himmelskönig zurückkehren, doch sie versprach wiederzukommen. Sie lief davon, der Kuhhirte aber folgte ihr. Sie nahm eine Nadel aus ihrem Haar und zog einen Strich quer über den Himmel. Der Strich verwandelte sich in den Silberfluß, den die Menschen Milchstraße nennen. Seither trennt sie der Fluß, und nur ein einziges Mal im Jahr, am Siebenabend, kommen die beiden zusammen. An diesem Tag nämlich bilden alle Krähen der Erde eine Brücke, auf der die Spinnerin die Milchstraße überquert.

Als sich die beiden zum erstenmal trennen mußten, entstanden zwei neue Sternbilder am Himmel. Westlich der Milchstraße sieht man die Spinnerin; sie ist der leuchtende Stern Wega im Sternbild Leier. Östlich der Milchstraße sieht man den Kuhhirten; er ist der helle Stern Altair im Sternbild *Adler*, das wie ein Adler aussieht, der mit weit ausgebreiteten Flügeln durch die Lüfte gleitet.

14

GROSSER BÄR

In einer Hütte lebte vor langer Zeit eine Familie: Vater, Mutter, sieben Söhne und zwei Töchter. Alle Söhne, mit Ausnahme des jüngsten, befanden sich oft auf dem Kriegspfad. Als die sechs wieder einmal umherzogen, heiratete die ältere der beiden Schwestern, die den Namen Bärenfellfrau trug, einen Grislybären. Das verärgerte den Vater sehr, denn er wollte nicht einen Bären zum Schwiegersohn, sondern einen Mann wie er einer war. Deshalb tötete er den Bären. Bärenfellfrau aber hatte ihren Mann, obwohl er ein grimmiger Bär gewesen war, liebgehabt; und so schwor sie bei sich, ihn zu rächen. Sie nahm ein Stückchen seines warmen Fells und trug es zum Schutz. Dieses Stück Fell verlieh ihr übernatürliche Macht, und in der Nacht verwandelte sie sich in einen riesigen Grisly. Sie ging hin und tötete den Vater und die Mutter. Okinai, den jüngsten der sieben Brüder, und Sinopa, die kleine Schwester, verschonte sie. Dann nahm Bärenfellfrau wieder ihre menschliche Gestalt an und lebte friedlich mit Okinai und Sinopa zusammen.

Eines Tages, als Bärenfellfrau sich allein und unbeobachtet glaubte, sagte sie laut: »Ich muß auch die anderen töten.« Da erschraken Okinai und Sinopa, denn sie hatten es gehört, und sie sannen auf einen Ausweg. Sie liefen zum Fluß, um sich vor der Schwester zu verstecken. Hier unten am Fluß trafen sie die sechs Brüder, die Rast machten auf dem Kriegspfad. Okinai erzählte, was geschehen war; die Brüder aber wußten Rat. Gemeinsam sammelten sie Dornenzweige, und mit den Dornenzweigen umgaben sie die Hütte, in der sich Bärenfellfrau aufhielt.

Als Bärenfellfrau, die den Tag in der Hütte verschlafen

hatte, wach wurde, wartete sie auf die Rückkehr des kleinen Bruders und der Schwester. Gegen Mitternacht wurde sie ungeduldig, nahm die Gestalt des Grislys an und wollte hinaus. Doch als sie vor die Tür trat, verfing sie sich in Dornen. Der Zorn aber trieb sie weiter. Am Ende des Dornenpfades wartete Okinai mit Köcher und Pfeilen, die ihm die älteren Brüder gegeben hatten. Da er ein Medizinmann war, schoß er den ersten Pfeil ab; er zielte nicht auf die Schwester, sondern in die entgegengesetzte Richtung. Und als der Pfeil in der Ferne in die Erde schlug, standen alle seine Brüder und die kleine Schwester, wie durch Geisterhand, an diesem Fleck. Als Bärenfellfrau auf Okinai zuging, schwenkte er eine Feder, die magische Kräfte besaß. Da erhob sich ein Dickicht vor der rasenden Bärin. Weil aber auch die Bärin übernatürliche Kräfte besaß, zerteilte sie das Dickicht. Wieder schwenkte Okinai die Feder, und ein See breitete sich vor der Bärin aus. Doch sie durchschwamm ihn. Ein drittes Mal schwenkte Okinai die Zauberfeder, da wuchs ein mächtiger Baum empor, auf den er gemeinsam mit seinen sechs Brüdern und der kleinen Schwester hinaufkletterte. Doch schon stand die Bärin vor dem Baum und hieb so gewaltig gegen den Stamm, daß vier der Brüder herunterfielen. Da aber rief Okinai: »Der einzige Ort der Rettung ist der Himmel!« Er schoß Pfeil um Pfeil in den Himmel hinauf. Und mit jedem Pfeil erhob sich einer von ihnen. Mit dem letzten Pfeil folgte er seinen Geschwistern ins Himmelszelt.

Seither stehen die sieben Brüder mit ihrer kleinen Schwester am Firmament und sind im Sternbild des *Großen Bären* zu sehen. Und weil diese acht Sterne wie ein Wagen aussehen, trägt diese Sternengruppe auch den Namen *Wagen*.

GROSSER HUND

Einst lebten in Indien fünf Prinzen. Sie verließen das Königreich ihres Vaters, um das himmlische Königreich zu suchen.

All ihr Hab und Gut ließen sie zurück; nur Yudistira, der Älteste der fünf, wurde von seinem treuen Hund Svana begleitet. Die anderen vier Brüder waren Sahadeva der Allwissende, der außerordentlich gelehrt und gebildet war; Nakula der Stattliche, der wegen seiner Anmut und Schönheit gerühmt und bewundert wurde; Arjuna der Allgewaltige, den noch niemand im Kampf besiegt hatte; und Bhima der Frohmütige, der überall wegen seiner Gutmütigkeit und seinem Sinn für das Schöne geschätzt wurde.

Viele Tage und viele Nächte lang wanderten die Brüder, bis sie zu einem Jahrmarkt gelangten, wo Musik spielte und die Leute lachten und sangen und tanzten, aßen und tranken. Als sie Bhima den Frohmütigen sahen, riefen sie ihm zu: »Komm her und freue dich mit uns.« Da dachte Bhima: »Für heute will ich hier ausruhen und guter Laune sein. Das himmlische Königreich werde ich morgen suchen.« Er schloß sich den Tanzenden an, und Yudistira und seine Brüder Sahadeva und Nakula und Arjuna und der Hund Svana zogen ohne ihn weiter.

Viele Tage und viele Nächte lang wanderten sie, bis sie auf eine weite Ebene kamen, auf der zwei große Heere gegeneinander kämpften. Als die Soldaten Arjuna den Allgewaltigen sahen, riefen sie ihm zu: »Komm her und führe uns zum Sieg.« Da dachte Arjuna: »Heute will ich für mein Vaterland kämpfen. Das himmlische Königreich werde ich morgen suchen.« Er stellte sich an die Spitze des Heeres, und

Yudistira und seine Brüder Sahadeva und Nakula und der Hund Svana zogen ohne ihn weiter.

Viele Tage und viele Nächte lang wanderten sie, bis sie zu einem prächtigen Palast gelangten, der in einem herrlichen Garten voller bunter Blumen und Springbrunnen stand. Im Garten spazierte eine wunderschöne Prinzessin mit ihren Dienerinnen. Als sie Nakula den Stattlichen sah, verliebte sie sich auf der Stelle in ihn, und sie rief ihm zu: »Komm her und leiste mir Gesellschaft.« Auch Nakula wurde beim Anblick des herrlichen Mädchens von Sehnsucht erfüllt, und er dachte: »Einen Tag will ich bei der Prinzessin bleiben. Das himmlische Königreich werde ich morgen suchen.« Er lief in den Garten, und Yudistira und sein Bruder Sahadeva und der Hund Svana zogen ohne ihn weiter.

Viele Tage und viele Nächte lang wanderten sie, bis sie zu einem großen Tempel gelangten. Als die weisen Männer, die sich dort befanden, Sahadeva den Allwissenden sahen, liefen sie zu ihm und riefen: »Komm her und bete mit uns.« Da dachte Sahadeva: »Einen Tag lang will ich hierbleiben. Das himmlische Königreich werde ich morgen suchen.« Er ging in den Tempel, und Yudistira und der Hund Svana zogen allein weiter.

Viele Tage und viele Nächte lang wanderten Yudistira mit Svana weiter, bis er zum Berge Meru, dem Tor zum Himmel, gelangte. Da erschien Indra, der Gott der Vergangenheit und der Gegenwart, vor ihm und sprach: »Komm her zu mir in den Himmel.« Yudistira verneigte sich tief und antwortete: »Gern will ich eintreten, doch nur, wenn ich meinen Hund Svana mitbringen darf.«

»Nein«, sagte Indra. »Für Hunde haben wir keinen Platz im Himmel. Jag ihn fort, und tritt ein in die ewige Glückseligkeit.«

»Das kann ich nicht«, sagte Yudistira. »Nach einer Glückseligkeit, für die ich einen so lieben Gefährten aufgeben muß, verlangt mich nicht.«

Indra erwiderte: »Deine vier Brüder hast du gehen lassen, warum willst du da nicht ohne deinen Hund in den Himmel aufgenommen werden?«

»Herr«, antwortete Yudistira, »meine Brüder haben mich verlassen, um ihren Herzenswunsch zu erfüllen. Svana jedoch hat sein Herz mir geschenkt; lieber verzichte ich auf die himmlische Glückseligkeit als auf ihn!«

Da sagte Indra: »Das ist wohl gesprochen. Tritt ein und nimm deinen Hund mit.« Da betraten Yudistira und Svana das Paradies.

Und um daran zu erinnern, wie treu die beiden einander waren, setzte Indra das Sternbild *Großer Hund* an das Himmelszelt.

LÖWE

Als Herakles zu einem jungen starken Mann herange-wachsen war, kamen zwei schöne Frauen zu ihm; die eine hieß »Üppigkeit« und die andere »Tapferkeit«. Die Üppigkeit versprach ihm ein Leben ohne Mühsal, ohne Krieg; zu essen und zu trinken solle er haben, was und soviel er nur wolle; alles, was ihm gefalle, solle er sehen, hören, riechen und fassen können. Die Tapferkeit hingegen versprach ihm großen Ruhm auf Erden und die Glückseligkeit der Götter; dieses Ziel aber könne er nur erreichen, wenn er alle Mühen des Lebens auf sich nehme. Herakles mußte nicht lange überlegen; ohne zu zögern entschied er sich für das, was die Tapferkeit ihm geboten hatte. Dies war der Beginn seines tatenreichen, mühevollen, tapferen Lebens. Am Ende aber ging Herakles in den Olymp ein; das ist der Ort, wo die Götter in ewiger Jugend leben. Einige Sternbil-der erinnern an die Taten des Herakles; so auch das Stern-bild des Löwen:

Als Herakles in den Dienst des Königs von Mykene getreten war, trug dieser ihm auf, das Land von den Ungeheuern zu befreien, von denen die Menschen in Angst und Schrecken versetzt wurden. Eines jener Ungeheuer war der Löwe, der in der Nähe von Nemea hauste. Als Beweis dafür, daß er siegreich gewesen sei, solle Herakles dem Kö-nig das Fell des Löwen bringen. Der Löwe aber war sehr stark, und keine Waffe hart genug, ihn zu verwunden. So undurchdringlich war sein Fell, daß weder Eisen noch Stein es verletzten. Und außerdem lebte der Löwe in einer Höhle mit zwei Ausgängen, so daß er jederzeit das Weite suchen konnte.

Nachdem also Herakles vergebens versucht hatte, den

Löwen zu stellen, verriegelte er zunächst einen der beiden Ausgänge, und dann griff er ihn an. Weil aber seine Waffen, Pfeile und Keule, versagten, nahm er den Kampf mit bloßen Händen auf. Seine ganze Kraft mußte Herakles einsetzen, ehe es ihm gelang, den Löwen zu erwürgen. Doch selbst nachdem der Löwe besiegt war, widersetzte er sich Herakles noch immer: Das Fell, das er dem König bringen sollte, war härter als Eisen und Stein. Endlich kam ihm der Gedanke, die Klauen des Tieres zu Hilfe zu nehmen, denn die Löwenkrallen waren hart wie Diamant, und so gelang es ihm, das Fell aufzuschlitzen.

Da atmeten die Menschen in Nemea auf, und der König lobte den Helden Herakles.

An diesen Kampf mit dem Nemeischen Löwen erinnert uns noch heute das Sternbild *Löwe.*

WASSERSCHLANGE

Von den zwölf Arbeiten, die Herakles für den König von Mykene vollbringen sollte, gehörte der Kampf mit der Hydra, einer Wasserschlange, zu den schwierigsten. Die Hydra hauste im Sumpf von Lerna, aus dem sie Nacht für Nacht hervorbrach, um Mensch und Tier zu verschlingen. Sie hatte unzählige Köpfe, aus deren Mäulern, ob sie nun wachte oder schlief, giftiger Atem strömte. Und jeder, der von diesem Gifthauch getroffen wurde, starb auf der Stelle. Schon mancher tapfere Mann hatte versucht, dem Ungeheuer den Garaus zu machen, doch jedesmal, wenn es gelang, ihm einen Kopf abzuschlagen, wuchsen an derselben Stelle zwei neue Köpfe nach, so daß die Schlange unbesiegbar schien.

Mit seinem Neffen Iolaos machte Herakles sich nun auf den Weg zur Hydra. Brennende Pfeile schoß er in die Höhle, in der sie sich aufhielt, so daß sie fauchend auftauchte. Erst hieb Herakles mit seiner Keule auf das Ungeheuer ein, dann schlug er mit seinem Schwert zu und trennte der Schlange einige Köpfe ab, die aber sofort in doppelter Zahl nachwuchsen. Da sah Herakles, daß diesem Untier so nicht beizukommen war. Er trug Iolaos auf, am Rand des Sumpfes ein Feuer zu entfachen, damit er von dort Brandfackeln bringe. So tat es Iolaos. Sobald nun Herakles einen Kopf abgeschlagen hatte, brannte er die Wunde aus. Sie trocknete ein, so daß ein neuer Kopf nicht nachwachsen konnte.

Auf diese Weise gelang es Herakles mit Iolaos' Hilfe, das gräßliche Ungeheuer zu töten. Nur der Kopf in der Mitte, von dem es hieß, er sei aus purem Gold, war nicht umzubringen. Deshalb vergrub Herakles ihn am Rand der Straße

26

und wälzte einen gewaltigen Felsen darüber. Seine Pfeile aber tauchte er in das Blut, das aus den Schlangenhälsen geflossen war, und von nun an waren die Pfeile des Herakles unfehlbar tödlich.

An diesen beschwerlichen Kampf erinnert uns noch heute das Sternbild der *Wasserschlange*, das als eine lange Kette vieler vieler Sterne am südlichen Sternenhimmel zu sehen ist.

Zu der Zeit, als es weder Himmel noch Erde gab, nur Wüsten und wilde Wasser, herrschte Apsu über das Reich der Süßwasser und Tiamat über das Reich der Salzwasser. Tiamat aber war ein Drache, ein Drachenweib. Von ihr und Apsu stammte ein göttliches Geschlecht ab, so erzählt es eine alte babylonische Legende.

Als die jungen Götter heranwuchsen, stärker und immer zahlreicher geworden waren, wollten sie sich gegen die Herrschaft von Apsu und Tiamat auflehnen. Der Plan aber kam Apsu zu Ohren, und er beschloß, sie alle zu vernichten. Die Gottheit Eva verhinderte dies, sie ließ Apsu in einen tiefen Schlaf fallen und tötete ihn.

Darüber geriet Tiamat, das Drachenweib, in rasenden Zorn und schwor, sich an den jungen Göttern zu rächen. Aus den Salzwassern schuf sie Ungeheuer: Giftschlangen, blutrünstige Wölfe, feuerspeiende Drachen; Fischmänner, Skorpionmänner und Männer mit reißenden Zähnen und Löwenpranken. Aber gräßlicher noch als all diese Ungeheuer war Tiamat selbst; und unbesiegbar schien sie mit ihrem meilenweiten Rachen und einer Haut, die so dick war, daß keine Waffe sie hätte durchdringen können.

Als die jungen Götter sahen, daß sich Tiamat mit ihren Ungeheuern zum Kampf gegen sie rüstete, wurden sie von Angst und Entsetzen gepackt. Nur Marduk, der Sohn der Gottheit Ea, besaß Mut, ließ sich nicht einschüchtern und war bereit, Tiamat und ihrem Gefolge entgegenzutreten. Diesen Mut ehrten die Götter und hoben Marduk auf den höchsten Thron und machten ihn zum Herrscher über alle Dinge. Nun bereitete sich Marduk auf den Kampf gegen das Drachenweib und seine Ungeheuer vor. Er erfand den

Bogen, einen gewaltigen Bogen, und einen Köcher dazu mit Pfeilen. Dann webte er ein riesiges Netz, mit dem Tiamat gefangen werden sollte. Er rief die Winde herbei, den Nordwind, den Südwind, den Ostwind, den Westwind, denn jeder von ihnen sollte das Netz an einem Ende halten. Dann rief Marduk die Sieben Winde der Vergeltung zu sich: den Heißen Wind und den Kalten Wind, den Wirbelwind und den Sandsturm; den Vierfachen Wind und den Siebenfachen Wind, und den alles verheerenden Wirbelsturm. Als sich nun die Sieben Winde der Vergeltung um ihn versammelt hatten, bestieg er einen Wagen und machte sich auf den Weg, und die anderen Götter folgten ihm.

Doch als er Tiamat näherkam und ihre furchterregende Gestalt erblickte, zögerte er einen Augenblick lang. Die Götter wurden blaß vor Angst und wagten nicht, auch nur einen Schritt weiterzugehen. Marduk sah, daß er allein kämpfen mußte, überwand den Schrecken und schritt auf das Drachenweib zu. Tiamat schrie laut auf vor Zorn und wollte sich auf ihn stürzen, Marduk aber warf sein Netz über die Rasende. Tiamat riß den riesigen Rachen auf, um Marduk zu verschlingen; da aber stürzte sich der Heiße Wind in ihren Rachen hinein, daß sie die Kiefer nicht mehr schließen konnte; und die anderen Winde der Vergeltung folgten nach, brausten und tosten in den Leib des Ungeheuers hinein, blähten es auf, daß es schwach wurde und zu Boden stürzte. Nun spannte Marduk den Bogen und schoß einen Pfeil durch Tiamats Kehle, mitten in ihr Herz. Das Drachenweib schrie auf, brach zusammen und starb.

Als die anderen Ungeheuer dies sahen, packte sie die Furcht, und sie wollten fliehen. Marduk aber fing sie ein und zertrampelte sie.

Nun, da der Kampf vorüber war, spaltete Marduk den

riesigen Leib der Tiamat in zwei Teile. Aus der einen Hälfte schuf er die Erde mit ihren Gebirgen und Tälern; er teilte die Wasser und ließ sie als Ströme in das Meer fließen. Aus der anderen Hälfte schuf er den Himmel, als die Stätte der Götter, als das Reich der Sonne, des Mondes und der Sterne. Er regelte ihre Bahnen, so daß der Tag von der Nacht und der Sommer vom Winter getrennt wurde. Die Himmelskuppel befestigte Marduk mit dem Nordstern, um den herum er die Sterne so anordnete, daß sie die Gestalt der Tiamat ergaben.

So entstand für alle Ewigkeit das Sternbild des *Drachen*.

SKORPION

Vor langer Zeit lebten Vater Potiki und Mutter Tarakore-kore mit ihren beiden Kindern am Ufer des Meeres. Das Mädchen wurde Piri-ere-ua genannt, das bedeutet »die Unzertrennliche«; den Namen des Zwillingsbruders weiß niemand mehr. Die beiden Geschwister hatten einander sehr lieb. Piri-ere-ua, die Unzertrennliche, bewunderte den Bruder und begleitete ihn auf allen seinen Wegen. Tarakore-kore aber, die Mutter der beiden, war streitsüchtig.

Eines Nachts nahm die Mutter eine Fackel und ging zum Meer, um zu fischen. Schon um Mitternacht, als Ebbe eintrat, war ihr Korb bis an den Rand mit kleinen roten Kukufischen gefüllt, und sie lief nach Haus, um den Fang gleich zu braten. Daraufhin teilte sie die Mahlzeit in vier gleiche Teile, weckte ihren Mann, und zu zweit begannen sie die frischen heißen Fische zu essen. Der Vater wollte die Kinder wecken, daß auch sie an dem köstlichen Essen teilhaben konnten, aber Tarakore-kore wehrte ab: »Laß sie schlafen, denn jetzt möchte ich meine Ruhe haben. Ich lege ihren Anteil in den Eßkorb, dann können sie die Fische morgen früh kalt essen.« Potiki schwieg, denn er wollte keinen Streit. Nachdem sie die Hütte aufgeräumt hatten, legten sich auch die Eltern schlafen.

Die beiden Kinder aber hatten nicht geschlafen, sondern alles mitangehört, und so wußten sie, daß die Mutter, um ihrer Bequemlichkeit willen, ihnen die frischgebackenen Fische mißgönnt hatte. Das machte sie traurig; sie schmiegten sich aneinander und weinten. Unzertrennlich schlug dem Bruder vor, die Mutter zu verlassen. Ein wenig zögerte er, dann war er einverstanden. Behutsam öffneten sie die

Schiebetür des Hauses und schlüpften weinend ins Freie. Schnell liefen sie durch die stille Nacht.

Auf einem Fels am Strand machten die beiden halt. Heftig brandeten die Wogen; über ihnen war der weite Sternenhimmel. Da fühlten sie sich so einsam, daß Träne um Träne auf den Fels fiel und ihn aushöhlte. Als die keine Tränen mehr hatten, sahen sie zum Himmel, und Piri-ere-ua sagte: »Schau, dort oben ist es friedlich. Dorthin wollen wir gehen und jede Nacht Sterne sein!« Fest drückte sie den Bruder an sich, und gemeinsam sprangen sie in das Sternenzelt hinein.

Als am nächsten Tag der Morgenstern am Himmel erschien, wollte Tarakore-kore die Zwillinge wecken, das Lager aber war verlassen. Sie rüttelte ihren Mann wach, und gemeinsam begann die Suche nach den verschwundenen Kindern. Sie folgten den Tränenspuren, die sie zum Fels führten, auf dem die beiden lange Zeit gesessen hatten. Da entdeckten sie mit großer Bestürzung, daß die Tränen das Gestein ausgehöhlt hatten. Sie sahen zum Himmel hinauf, und unter den Sternen, die in der Morgenröte verblaßten, sahen sie ihre Kinder, die als kleine Sterne dahinschwebten. Sie riefen sie an und flehten um ihre Rückkehr. Als sie merkten, daß es vergebens war, sprangen auch sie in das Himmelszelt. Doch die Geschwister hatten einen zu großen Vorsprung, als daß die Eltern sie hätten einholen können. So folgen sie noch heute ihren Kindern und sind alle vier im Sternbild *Skorpion* zu sehen.

KREBS

In Malaya erzählt man sich, daß es zu der Zeit, als die Welt eben erschaffen worden war, von jeder Tierart nur ein einziges Tier gab. Und jedes dieser einzigartigen Tiere war um so vieles größer als die, die wir heute kennen. Die erste und einzige Schildkröte war so groß, daß die Spur, die sie hinterließ, wenn sie über die Erde kroch, die Ausmaße eines Flußbetts hatte; die erste und einzige Kuh war so groß, daß sie einen ganzen Wald auf einmal abrupfte, als sei er ein Büschel Gras; und der erste und einzige Elefant war so gewaltig, daß er, wenn er lief, Felsen zur Seite schleuderte, die dann als Berge und Gebirge liegenblieben.

Diese Tiere lebten friedlich miteinander. Nur eines machte eine Ausnahme – das war der erste und einzige Krebs. Dieser Krebs nun war nicht wie die Krebse, die wir heute kennen; er hatte weder Scheren noch Beine, und seine Schale war ganz weich. Er lebte in einer riesigen Mulde auf dem Grunde des Meeres und war dreimal so groß wie die Rauchsäule eines Vulkans. Und weil er so groß war, war auch sein Hunger gewaltig.

Wenn er nun seine Behausung auf dem Grund des Meeres verließ, um Nahrung zu suchen, stürzten solche Wassermassen in die Vertiefung des Meeresbodens, daß das Meer an den Küsten der Inseln zurückwich. Und wenn der erste und einzige Krebs zurückkehrte, stieg das Wasser wieder und überschwemmte weite Gebiete des Landes. Dies geschah mehrmals am Tag, weil sein Hunger den Krebs nicht zur Ruhe kommen ließ. Und weil es unregelmäßig geschah, wußten die Bewohner der Inseln nicht, wann sie sich vor den Fluten in acht nehmen mußten: Wann sollten die Fischer ihre Netze auswerfen, wann sollten die Frauen die

Algen sammeln, wann durften die Kinder gefahrlos am Ufer spielen?

Als Er-Der-Alle-Dinge-Erschaffen-Hat dies sah, ging er ans Meer und rief den ersten und einzigen Krebs zu sich und sprach zu ihm: »Von nun an mußt du auf dem Grunde des Meeres bleiben, denn wenn du auftauchst, weichen die Fluten zurück und die Küsten trocknen aus. Wenn du aber zurückkehrst, steigt das Wasser und überschwemmt weite Gebiete des Landes.«

»Ich kann nicht unten bleiben«, antwortete der erste und einzige Krebs, »denn sonst müßte ich Hungers sterben, und mein Hunger ist gewaltig. Obendrein fürchte ich mich vor den Zähnen des Haifischs.«

Da sagte Er-Der-Alle-Dinge-Erschaffen-Hat: »So gibt es nur eines: Nur ein einziges Mal am Tage und ein einziges Mal in der Nacht darfst du den Grund des Meeres verlassen, und immer zur gleichen Zeit. Dann kannst du dir Nahrung suchen.« Der Krebs aber schaute ihn nur an und sagte nichts.

»Wenn du tun willst, was ich dir sage«, fuhr Er-Der-Alle-Dinge-Erschaffen-Hat fort, »gebe ich dir und deinen Kindern und den Kindern deiner Kinder einen festen Panzer, so daß euch der Haifisch nicht verletzen kann.« Der Krebs aber schaute ihn nur an und sagte nichts.

»Wenn du tun willst, was ich dir sage«, fuhr Er-Der-Alle-Dinge-Erschaffen-Hat fort, »gebe ich dir und deinen Kindern und den Kindern deiner Kinder Beine, so daß ihr euch auch auf dem Land bewegen könnt.« Der Krebs aber schaute ihn nur an und sagte nichts.

»Und wenn du tun willst, was ich dir sage«, fuhr Er-Der-Alle-Dinge-Erschaffen-Hat fort, »gebe ich dir und deinen Kindern und den Kindern deiner Kinder kräftige Scheren, damit ihr die Kokosnüsse knacken und das Fleisch essen könnt; und ihr werdet die Bäume hinaufklettern und den Sand umgraben können.«

Der Krebs dachte eine Weile nach, dann sagte er endlich: »Ich bin einverstanden. So soll es sein.«

Damit der Krebs sich an die Absprache hielt, setzte Er-Der-Alle-Dinge-Erschaffen-Hat zur Erinnerung das Sternbild *Krebs* an den Himmel. Und seit dieser Zeit haben alle Krebse harte Panzer, kräftige Scheren und Beine und können auf dem Lande ebensogut leben wie im Wasser.

Nachdem Gott die Welt erschaffen und allen Dingen und Lebewesen ihren Platz zugewiesen hatte, kam der Teufel auf den Gedanken, es ihm gleichzutun. Aus Lehm formte er ein männliches Schaf, einen Widder; doch so sehr er sich auch mühte, beleben konnte er den Widder nicht. Zwei Tage lang schon ging er um das Schaf herum, zwickte es hierhin und dorthin und rief dabei: »He! He!« Doch vergebens, der Widder rührte sich nicht.

Unterdessen war Gott auf die Erde herabgestiegen, denn er wollte sehen, wie es um die Welt, die er erschaffen hatte, bestellt sei. Er suchte die ersten Menschen auf und fragte sie, ob es ihnen denn gutgehe und die Tiere ihnen auch gehorchten. Die Menschen antworteten, daß alles seine Ordnung habe, nur sei vor kurzer Zeit der Teufel gekommen und habe sich gerühmt, imstande zu sein, alles schöner erschaffen zu können, als Gott es getan habe. Adam sagte: »Vor zwei Tagen erst formte der Teufel einen Widder aus Lehm, und seitdem geht er um ihn herum, zwickt ihn hierhin und dorthin und ruft dabei: ›He! He!‹, um ihn zum Leben zu erwecken. Der Widder aber rührt sich nicht!« Darüber mußte Gott herzlich lachen, und er forderte Adam auf, ihn zu Teufel und Widder zu führen.

Der Teufel erschrak nicht wenig, als er die beiden kommen sah, und Gott sprach zu ihm: »Wohlan, erwecke den Widder zum Leben!« Da erwiderte der Teufel: »Schon zwei Tage lang versuche ich, den Widder zum Leben zu erwekken, aber es will mir nicht gelingen.«

Da sprach Gott: »Was gibst du mir, wenn ich es vollbringe?«

»Dann soll er dir gehören«, antwortete der Teufel und

packte den Widder beim Schweif. Gott aber berührte den Kopf des Tiers und sprach: »He! He!« Im selben Augenblick begann der Widder zu atmen und lief davon. Dem Teufel blieb der Schweif in der Hand, und seitdem haben die Schafe nur einen Stummelschwanz.

Und um die Menschen zu allen Zeiten daran zu erinnern, daß sich der Teufel angemaßt hatte, es ihm gleichzutun, und wie vergeblich diese Mühe gewesen war, sagte Gott: »Zum Gedenken werde ich ein für immer sichtbares Zeichen ans Himmelszelt setzen!« Und schon funkelte ein neues Sternbild am Firmament, das wir noch heute unter dem Namen *Widder* kennen.

SCHWAN

Helios ist der Sonnengott und zugleich der Gott des Lichts. In einem geflügelten Wagen, den vier feurige Pferde ziehen, steigt er am Morgen auf und umkreist die Himmelskuppel, um am Abend in das Meer einzutauchen.

Eines Tages ging Phaeton, sein Sohn, zu des Vaters Palast, der über und über mit Gold verziert war, und bat um Einlaß. Als der Vater, der in purpurrotem Gewand auf einem von glänzenden Smaragden funkelnden Thron saß, seinen Sohn erblickte, fragte er ihn: »Was ist dein Begehren, mein Sohn?«

Phaeton antwortete: »Auf der Erde werden meine Mutter und ich verspottet und beschimpft, denn die Menschen behaupten, es sei eine Lüge, daß ich von himmlischer Abkunft bin. Deshalb erbitte ich einen Beweis von dir, der der Welt zeigt, daß ich dein Sohn bin.«

Helios erwiderte: »Deine Mutter hat die Wahrheit gesagt, und damit du nicht länger zweifelst, will ich dir einen Wunsch erfüllen. Was auch immer es sein mag, ich werde deine Bitte erhören; das schwöre ich.«

Phaeton ließ den Vater kaum ausreden. »Dann erfülle mir meinen sehnlichsten Wunsch. Einen Tag lang, nur einen einzigen Tag, möchte ich in deinem Sonnenwagen fahren!« Da erschrak Helios. »Du bist zu jung, und du bist sterblich. Du verlangst etwas, was nicht einmal den anderen Göttern gewährt werden kann, denn niemand außer mir ist fähig, auf der Achse zu stehen, aus der die Flammen hervorlodern, und niemand außer mir ist fähig, den Wagen zu lenken. Darum, lieber Sohn, wünsche dir etwas anderes, solange es noch Zeit ist!«

Phaeton aber hatte keinen anderen Wunsch, und weil Helios den Schwur getan hatte, führte er den Sohn zum Sonnenwagen aus Gold, Silber und Edelsteinen. Im Osten stieg die Morgenröte auf, die Sterne schwanden, und der Mond verblich. Während Helios das Gesicht des Sohnes mit einer heiligen Salbe bestrich, damit ihm die glühenden Flammen nichts anhaben konnten, und ihm die Strahlensonne auf das Haar setzte, ermahnte er Phaeton: »Halte die Zügel gut, denn es ist sehr schwer, die Pferde im Fluge zu führen. Vom Südpol und vom Nordpol mußt du dich fernhalten. Fahre nicht zu tief, denn berührst du die Erde, wird das Feuer sie verbrennen; steige aber auch nicht zu hoch, denn stößt du an den Himmel, so muß selbst er verbrennen. Noch ist es Zeit, dir etwas anderes zu wünschen!«

Phaeton aber hörte nicht auf die Worte des Vaters und sprang auf den Wagen. Die Pferde trabten los und teilten die Morgennebel; und als sie spürten, daß der Wagen leichter war als gewöhnlich, stürmten sie davon. Es schauerte Phaeton; er kannte weder den Weg, noch wußte er, wie er die wilden Pferde bändigen sollte. Er ließ die Zügel nicht locker, zog sie aber auch nicht an. Phaeton wußte auch nicht, wie er die Tiere beruhigen sollte, denn er kannte nicht einmal ihre Namen und war viel zu verwirrt, um ihnen beschwichtigend zureden zu können. So flog der Wagen dahin, schwankte, wurde in die Höhe gezogen und fiel gleich darauf in die Tiefe. Phaeton packte das Entsetzen; er ließ die Zügel los, und so verließen die Pferde endgültig ihre Bahn. Immer tiefer stürzte der Sonnenwagen, und es dauerte nicht lang, da stieß er an ein hohes Gebirge; die Hitze spaltete die Felsen, und die Flüsse und Seen versiegten; die Erde fing zu glimmen an; die Bäume loderten, und als das Feuer die Ebene erreichte, verbrannte die Saat; selbst die Städte gingen in

Flammen auf. Überall brannten die Hügel, die Wälder und die Felder. Sogar das Meer verdampfte.

Auch von Phaeton ergriff das Feuer Besitz; schwarz wurde ihm vor Augen, er verlor den Halt und stürzte aus dem Wagen. Brennend wurde er durch die Luft geschleudert, bis er in dem reißenden Fluß Eridanos versank.

Als Cycnos, ein Verwandter von Phaeton, vom Schicksal des Knaben hörte, tauchte er in den Fluß, um ihn zu suchen. Die Götter aber, zornig über Phaetons Tat, verwandelten Cycnos in einen Schwan, und seither sieht man den *Schwan* am Himmelszelt seine Bahn ziehen.

Es war zu der Zeit, da alle wußten, daß die Nymphen des Meeres schöner waren als alle Frauen der Erde. Und auch die Nymphen wußten es und waren stolz darauf.

Eines Tages aber sagte die schöne Königin Kassiopeia: »Viel schöner als die schönen Nymphen des Meeres bin ich, die Königin Kassiopeia.«

Als die Nymphen dies hörten, wurden sie zornig und baten Poseidon, den Gott des Meeres, diesen Hochmut zu rächen. Poseidon versprach Rache und ließ das Meer über die Ufer treten, die Fluten überschwemmten das Land, und er kündigte an, daß aus den Tiefen des Meeres, in Gestalt eines riesigen Wals, ein Ungeheuer auftauchen werde, um das Land zu verwüsten.

In seiner Verzweiflung rief König Kepheus die anderen Götter an, und er fragte, was er tun solle, um den Zorn des Meeresgottes zu beschwichtigen und so das Unheil von seinem Land abzuwenden. Sie rieten ihm: »Opfere ihm deine Tochter, denn nur eine Jungfrau wird das Untier begütigen.«

So ließen König Kepheus und Königin Kassiopeia ihre geliebte Tochter Andromeda an den Uferfels fesseln, und voll Schmerz warteten sie darauf, daß sich das Ungeheuer des Meeres erheben werde.

Da kam Perseus durch die Lüfte geflogen und sah verwundert die Jungfrau, gefesselt an einen Fels. Er fragte sie, wer sie sei. Sie erzählte ihr Unglück und auch, daß das Land nur befreit werden könne, wenn sie geopfert werde. Perseus aber war bezaubert von ihrer Schönheit und versprach mit Hilfe seiner wunderbaren Flügel die Rettung. Schon wälzte

sich das Ungeheuer heran, und da es glaubte, Perseus wolle ihm seine Beute entreißen, begann tobend der Kampf. Perseus ließ sich auf dem Rücken des Walfischs nieder und stach wieder und wieder mit seinem Schwerte zu, das Ungeheuer schlug um sich, daß Perseus von Wassermassen getroffen wurde, und ihm drohte, daß seine durchnäßten Flügel ihn nicht mehr tragen würden. Da aber schoß das Blut aus dem Rachen des Fischs, er gab den Kampf auf. Das Meer trieb ihn hinaus, dort versank er in den Fluten.

Perseus führte Andromeda in den Palast des Königs. Und das Hochzeitsmahl wurde bereitet.

Zur Erinnerung an die glückliche Errettung von Andromeda steht der *Walfisch* am Himmel als Sternbild.

Vor langer, langer Zeit lebte in Nordamerika, am südlichen Ufer des Superiorsees, ein Indianerstamm. Dieser Stamm trug den Namen »Die Fische«, denn alle seine Angehörigen hatten Fischschwänze; doch bis auf diese Eigenart glichen ihre Körper denen der anderen Indianer.

Zu diesem Stamm gehörte auch Odschig, ein starker, tapferer Krieger. Alles, was er unternahm, gelang ihm, und darum wählten ihn die Indianer zu ihrem Häuptling. Odschig war unbesiegbar, denn kein Pfeil und kein Speer konnten seinen Körper verwunden; nur eine kleine Stelle an der Spitze seines Fischschwanzes war verletzbar. Der Häuptling war nicht nur tapfer, stark und klug, er war auch ein angesehener Jäger, obwohl es sehr schwer war, das Wild aufzuspüren, denn zu dieser Zeit herrschte immerwährender Winter auf der Erde. Das ganze Jahr über standen die Bäume ohne Laub, nicht eine einzige Blume blühte; Schnee lag auf gefrorenem Boden, und kalter Wind blies über vereiste Seen.

Odschig hatte einen Sohn, der – obwohl er erst dreizehn Jahre alt war – ein ebenso guter Jäger wie sein Vater zu werden schien. Die Welt gefiel dem Jungen, nur der andauernde Winter machte ihn traurig; in der eisigen Kälte wurden ihm die Finger steif, und er weinte über den Schnee und darüber, daß sich die Tiere in die tiefen Wälder zurückzogen.

Eines Tages, nach einer langen, vergeblichen Jagd, lehnte er sich erschöpft gegen einen Baum, um ein wenig auszuruhen. Da sah er ein Eichhörnchen. Er riß seinen Bogen hoch, doch das kleine Tier begann zu sprechen:

»Sohn des Odschig, töte mich nicht! Ich kenne deinen Kummer und deinen sehnlichsten Wunsch nach dem

immerwährenden Sommer. Es gibt einen Weg, den Schnee schmelzen zu lassen, so daß für dich und deinen Stamm mehr Wild da sein wird, als ihr jagen könnt. Und ich, der ich fast verhungere, werde dick und rund werden. Darum rate ich dir: Kommst du nach Hause, leg dich nieder und verweigere jede Nahrung. Dein Vater wird dich fragen, was dich bedrückt, du aber bittest ihn um den ewigen Sommer, und er wird versuchen, deinen Wunsch zu erfüllen.«

Der Junge tat, was das Eichhörnchen gesagt hatte. »Du verlangst viel von mir, mein Sohn«, sagte der Vater, »aber ich will versuchen, den ewigen Sommer für dich zu finden.«

Am nächsten Tag gab Odschig ein großes Fest für seine Freunde Otter, Biber, Luchs, Dachs und Vielfraß, und er erzählte ihnen vom Wunsch seines Sohnes. Da versprachen die Indianer, ihrem Häuptling bei der Suche nach dem ewigen Sommer zu helfen.

Am nächsten Morgen brachen sie gemeinsam auf. Als sie zwanzig Tage durch dichte, schneeverwehte Wälder und weitere zwanzig Tage über eisverkrustete Ebenen gegangen waren, kamen sie zu einer Hütte, in der ein alter Mann lebte. Er lud die Wanderer ein, bei ihm zu übernachten, und bereitete ein üppiges Mahl. Als Odschig ihm erzählte, wonach sie suchten, versprach der Alte zu helfen, obwohl es Odschig das Leben kosten werde.

Am nächsten Morgen zeigte er ihnen den Weg, und wieder wanderten sie zwanzig Tage durch dichte, schneeverwehte Wälder. Nach weiteren zwanzig Tagen, an denen sie über eisverkrustete Ebenen gegangen waren, kamen sie an einen sehr hohen Berg. Wie der Alte ihnen geraten hatte, bestiegen sie diesen Berg, stopften ihre Pfeifen, verneigten sich gegen die vier Himmelsrichtungen und begannen zu rauchen.

Der Himmel schien hier so nahe, als könnte man hineinspringen. »Odschig«, sagte Otter, »laß uns einmal versuchen, ein Loch in den Himmel zu schlagen.« Und Otter versuchte, in den Himmel hineinzuspringen, aber er fand keinen Halt an der Himmelsdecke und stürzte in die Tiefe. Dann versuchte es Biber, doch ihm erging es genauso. Dann wagte Luchs den Sprung, und nach ihm Dachs, aber auch ihnen mißlang er.

»Jetzt versuch du es, Vielfraß«, sagte Odschig. Zweimal sprang er, da gab die Himmelsdecke ein wenig nach. Noch einmal sprang er, und der Himmel klaffte auseinander. Odschig und Vielfraß schritten durch das Loch in den Himmel hinein, auf eine endlos weite Ebene, über und über mit Blumen besät. Die Luft war mild und warm; es flossen dort wunderbar klare Ströme und Bäche, an deren Ufern die schönsten und stärksten Tiere weideten. In den Bäumen sangen prächtige Vögel, die schönsten aber hingen in Käfige gesperrt vor den Häusern der Himmelsbewohner. Odschig ging hin und öffnete Käfig um Käfig, und die Vögel flogen davon.

Allmählich wurde es kälter im Himmelsgewölbe, denn die warme Luft strömte durch das Loch zur Erde hinab. Ja, die Hälfte des ewigen Sommers war schon entwichen, als die Himmelsbewohner eilten, das Loch zu stopfen. Vielfraß hatte sie kommen sehen und sich auf die Erde retten können. Odschig aber traf der Zorn der Himmelsbewohner. Sie hetzten ihn wie ein Wild. Er rannte über die endlosen Ebenen des Himmels. Als ihm der Atem ausging, flüchtete er auf einen Baum. Die Verfolger zielten mit Pfeilen auf ihn, doch weil er bis auf die kleine Stelle an der Spitze seines Fischschwanzes unverwundbar war, prallten sie an ihm ab.

Doch als es Abend wurde und die Himmelsbewohner

aufgeben wollten, traf einer der letzten Pfeile die empfindliche Stelle. Da kletterte Odschig vom Baum herab und suchte einen Ort zum Sterben. Er legte sich nieder. »Ich habe mein Versprechen erfüllt, mein Sohn, obwohl es mich das Leben kostete«, seufzte er. »Doch ich will zufrieden sein, denn ich habe allen Menschen und Tieren Gutes getan.«

Als die Nacht kam und die Sterne aufgingen, stand ein neues Sternbild, das Zeichen der *Fische*, am Sternenhimmel, das wir noch heute in Herbstnächten sehen können.

Es war einmal ein Mann, der hatte sechs Söhne. Weil er Vater ihnen keine Namen gegeben hatte, hießen sie einfach Ältester, Zweitältester, Drittältester, Drittjüngster, Zweitjüngster, Jüngster. Als der Älteste achtzehn, der Jüngste zwölf Jahre alt war, sagte der Vater zu seinen Söhnen: »Zieht in die Welt und erlernt ein Handwerk.« Also zogen sie gemeinsam in die Welt. Als sie an einen sechsfachen Kreuzweg kamen, sprach der Älteste: »Nun wollen wir uns trennen. In genau zwei Jahren aber treffen wir uns hier wieder und kehren heim.« Mit diesem Vorschlag waren die Brüder einverstanden. Und als die zwei Jahre vergangen waren, kehrten sie gemeinsam heim. Freudig begrüßte sie der Vater und fragte, welches Handwerk ein jeder erlernt habe. Der Älteste sagte: »Ich bin Schiffsbaumeister geworden; ich kann Schiffe bauen, die von selbst fahren!« Der Zweitälteste sagte: »Ich bin Steuermann geworden; selbst zu Lande kann ich ein Schiff steuern!« Der Drittälteste sagte: »Ich habe das Hören erlernt; ich höre alles!« Der Drittjüngste sagte: »Ich bin Schütze geworden; jeder Schuß ist ein Meisterschuß!« Der Zweitjüngste sagte: »Ich habe das Klettern erlernt; keine Wand ist mir zu steil!« Der Jüngste sagte stolz: »Ich bin ein Dieb geworden, ein Meisterdieb!« Das aber entsetzte den Vater sehr.

Zu dieser Zeit hatte ein Zauberer des Königs wunderschöne Tochter geraubt. Der König versprach sie und sein halbes Königreich demjenigen, der sie zurückholen werde. Da beschlossen die Brüder, sich auf die Suche nach der Prinzessin zu machen: Der Älteste baute ein Schiff; der Zweitälteste steuerte es über Land und Meer; der Drittälteste lauschte, bis er die Königstochter im tiefsten Innern eines

Glasbergs hörte. Als sie den Berg erreicht hatten, kletterte der Zweitjüngste auf den Gipfel und sah den Zauberer im Berg; er hatte den Kopf auf den Schoß der Prinzessin gelegt und schnarchte. Der Zweitjüngste kehrte zurück, erzählte, was er gesehen hatte, und mit dem Meisterdieb machte er sich auf den Weg ins Berginnere. Der Jüngste stahl dem Zauberer die Königstochter unter dem Kopf weg, ohne daß der auch nur das geringste bemerkt hätte. Mit dem Meisterdieb und der Prinzessin stieg er wieder hinab. Und sofort, als sie das Schiff erreicht hatten, fuhren sie davon, und der Drittälteste mußte lauschen, ob der Zauberer erwache. Als sie noch gar nicht weit vom Ufer entfernt waren, sagte er: »Jetzt wacht er auf. Jetzt merkt er, daß die Prinzessin verschwunden ist. Jetzt macht er sich auf den Weg!« Das erschreckte die Königstochter sehr, denn sie wußte, daß sich der Zauberer blitzschnell an jeden Ort zaubern konnte. »Das ist unser Ende!« rief sie. »Der Zauberer ist unverwundbar bis auf eine winzige schwarze Stelle auf der Brust. Wenn kein Meisterschütze unter uns ist, sind wir verloren!« Und schon rauschte der Zauberer durch die Luft. Der Drittjüngste riß das Gewehr hoch und zielte genau auf die winzige schwarze Stelle. Da zersprang der Zauberer in tausend Stükke. So konnten sie die Heimreise fortsetzen. Als sie am Königshof eintrafen, war die Freude groß, der König aber wußte nicht, welchem der sechs er seine Tochter zur Frau geben sollte, denn jeder hatte bei der Rettung geholfen.

Das alles sah Gott; um einen Streit zu verhindern, versetzte er die sechs Brüder und die Prinzessin als Sternengruppe an den Himmel: der hellste der sieben Sterne ist die Prinzessin, der matteste der Meisterdieb. Als Siebengestirn bilden sie einen Teil des Sternbildes *Stier*.

WOLF

Nachdem die Erde erschaffen war, vermehrten sich die Menschen; es entstand Zwietracht unter ihnen, und sie bekämpften einander. Die Engel forderten sie auf, in Frieden zusammenzuleben; doch sie mahnten vergebens. Und immer schlimmer wurde es mit den Menschen; selbst gegen Gott stießen sie Flüche aus und spotteten seiner Macht. Da beschlossen die Engel, Gott zu bitten, er solle den Menschen ein Gefühl für Furcht, Angst und Scheu geben. Und Gott sprach: »Ich sehe wohl, wie sie die Gebote mit Füßen treten. Und auf der ganzen Welt gibt es nur wenige, die gerecht sind. Hundert Jahre will ich noch warten, dann aber werde ich sie vernichten, wenn sie sich nicht gebessert haben.«

Nach hundert Jahren traten die Engel wieder vor Gott, um ihm zu berichten, daß die Menschen nicht besser geworden seien. Nur Noah und seine Kinder achteten die Gebote und übten Gerechtigkeit. Da bestimmte Gott: »Kehrt zurück und befehlt Noah, eine Arche zu bauen für sich, seine Kinder und für je ein Paar sämtlichen Getiers, denn ich werde eine Sintflut schicken!«

Als Noah die Arche gebaut hatte, kamen alle Engel herbei und halfen, je ein Paar sämtlichen Getiers auf das Schiff zu treiben. Zuletzt bestieg Noah mit seiner Familie die Arche. Und Gott schickte Donner und Blitz, Sturm und Regen. So lange peitschte der Wind das Wasser aus den Wolken, bis auch der höchste Berg überschwemmt und die Welt nur noch ein Meer war. So ertranken alle, nur Noah nicht, seine Kinder und die Tiere. Der Regen hörte auf, der Himmel wurde hell, und das Wasser zog sich zurück.

Da öffneten die Engel die Arche, und so viele verließen

das Schiff, daß zunächst niemand bemerkte, wie der Wolf, der sich bisher zahm wie ein Lamm betragen hatte, den Widder tötete und ihn fortschleppte, um ihn zu fressen. Als jedoch einer der Engel sah, daß die beiden fehlten, machten sie sich auf die Suche nach ihnen. Sie fanden den Wolf aber erst, als er den Widder schon halb verschlungen hatte. Das erzürnte die Engel sehr, denn nun würde das Geschlecht der Schafe aussterben. Da trat Gott zu ihnen und sprach: »Ich stelle euch frei, mit dem Wolf so zu verfahren, wie ihr es für richtig haltet. Aber sorgt euch nicht; das Geschlecht der Schafe wird nicht aussterben, obwohl der Widder tot ist. Denn das Schaf ist trächtig und wird bald ein Schäfchen und einen kleinen Widder zur Welt bringen, die sich wiederum vermehren werden.«

Die Engel beschlossen, daß jedermann sich wünschen solle, den Wolf als ein heimtückisches, bösartiges Tier zu jagen, damit er sich nicht mehr frei unter der Sonne zeigen könne. Und um die Menschen zu allen Zeiten an dieses Ereignis zu erinnern, fügten sie hinzu: »Und du, ruchloses Tier, sollst von nun an als Sternbild *Wolf* für immer am Himmel stehn.«

Pan, so hieß der Gott der Hirten, liebte die Wälder und Berge und schattige Höhlen, Tanz und Gesang und das Spiel auf der Hirtenflöte. Und er wußte die schönsten Feste zu feiern.

Eines Tages erblickte er die Bergnymphe Syrinx. Sie war so schön, daß er sich in sie verliebte und ihr gestehen wollte, daß ihre Schönheit ihn bezaubert hatte. Doch Syrinx war scheu, hörte ihn nicht an und floh. Da folgte ihr Pan durch die Wälder. Sie aber lief und lief, bis sie an einen tiefen Fluß kam, den sie nicht überqueren konnte. Als sie in ihrer Not sah, daß der Hirtengott sie beinahe eingeholt hatte, rief sie ihre Schwestern, die Quellnymphen, um Hilfe. Pan aber war schon so nahe, daß er Syrinx hätte fassen können, doch als er sie umarmen wollte, verwandelte sie sich in Schilfrohr, so wie es am Ufer des Flusses wächst. Aus dem flüsternden Schilf klang nun die feine Stimme der Nymphe, und Pan brach einige Rohre und machte eine Flöte daraus, die er nach dem Mädchen, das er geliebt hatte, Syrinx nannte, und spielte eine traurige Weise.

Wieder einmal hatte Pan mit den anderen Göttern ein Fest am Ufer des Nils gefeiert. Als das fröhliche Treiben seinem Ende zuging und Pan auf Syrinx, seiner Flöte, spielte, wurden sie plötzlich von Typhon, dem hundertköpfigen feuerspeienden Drachen angegriffen. Um dem Typhon zu entgehen, verwandelten sich die Götter in Tiere: Einige nahmen die Gestalt eines Hasen an, andere die einer Hirschkuh, und sie flohen in die Wälder; andere verwandelten sich in Vögel, erhoben sich in die Luft und flogen davon; wieder andere wurden Fische und tauchten in das Wasser des Nils. Auch Pan sprang in den Fluß, doch vor Schreck und Eile

61

hatte er die Zaubersprüche durcheinandergebracht, so daß sein Oberkörper in den eines Ziegenbocks, sein Unterleib jedoch in den eines Fisches verwandelt wurde. Da aber Typhon sich auf Zeus, den Götterkönig, gestürzt hatte, blieb Pan keine Zeit, den Zauberspruch rückgängig zu machen, weil er dem Bedrohten zu Hilfe kommen mußte. Pan setzte seine Flöte an den Mund und stieß einen so durchdringenden, schrillen Pfiff aus, daß der Drache erschrak, vom Götterkönig abließ und davonstürzte.

Aus Dankbarkeit für Pans Hilfe, die gerade noch zur rechten Zeit gekommen war, setzte Zeus das Sternbild *Steinbock* ans Himmelszelt. Noch heute können wir es am südlichen Sternenhimmel sehen, in der Nähe der Milchstraße.

TAUBE

Auf dem Schiff »Argo« fuhren Iason und seine Gefährten über das Meer, um das Goldene Vlies aus Kolchis, einem Land, das im Osten des Schwarzen Meeres liegt, nach Griechenland zurückzubringen. Das Goldene Vlies, das Fell eines goldenen Widders, war Zeus, dem Göttervater, als Opfer dargebracht worden. Zeus hatte es in einem Hain aufgehängt, und dort bewachte es ein furchtbarer Drache.

Um zum Schwarzen Meer zu gelangen, mußten die Argonauten – so wurden die Schiffsleute der »Argo« genannt – die Symplegaden am Ausgang des Bosporus durchfahren. Die Symplegaden waren zwei Felsen, die zu beiden Seiten der Meerenge zwischen Europa und Kleinasien standen. Sobald aber ein lebendes Wesen zwischen diesen beiden Felsen hindurchzukommen versuchte, schlugen sie zusammen und zermalmten es. Danach öffneten sie sich wieder. Dieses Geheimnis hatte Phineus, ein blinder Prophet, den Argonauten verraten. Da sie nun von dieser Gefahr wußten, faßten sie einen Plan: Sie ließen dem Schiff eine weiße Taube voranfliegen. Als die Taube zum Flug zwischen den Felsen hindurch ansetzte, kam Athene, die Schutzgöttin, zu Hilfe; sie hielt die Felsen so lange auf, daß sie erst wieder zusammenschlagen konnten, als die Taube außer Gefahr war, nur die Schwanzfedern trafen sie noch. Und als sich die Symplegaden wieder öffneten, fuhr die »Argo« mit voller Fahrt hindurch. Sie schlossen sich erst wieder, als nur noch das Heck des Schiffes zwischen ihnen war. Iason und seine Gefährten hieben das Heck ab, und so konnten sie unversehrt weiterfahren. Glücklich über die Rettung steuerten sie das Land an und brachten dem Meergott ein großes Opfer dar.

Seit jenem Tage stehen die Felsen fest und schließen sich nie mehr, wenn ein lebendes Wesen sie durchquert.

Um an dieses Ereignis zu erinnern, setzte die Göttin Athene die *Taube* als Sternbild an den Himmel.

QUELLENHINWEISE

Als allgemeine Quellen dienten: Friedrich Normann (Hrsg.), *Mythen der Sterne.* Gotha/Stuttgart 1925. Eckart Peterich/Pierre Grimal, *Götter und Helden. Die klassischen Mythen und Sagen der Griechen, Römer und Germanen.* Olten 1971.

Wie die Sterne entstanden: Schönwerth, *Aus der Oberpfalz,* 1886

Adler: Friedrich von der Leyen (Hrsg.), *Die Märchen der Weltliteratur, II. Serie, Märchen des Orients.* Jena 1914.

Großer Bär: Walter McClintock, *The Old North Trail.* New York 1910.

Großer Hund: Mannatha Nath Dutt, *Mahabharata.* Calcutta 1904.

Löwe, Wasserschlange, Schwan, Walfisch, Steinbock, Taube: Gustav Schwab, *Sagen des klassischen Altertums.* Leipzig 1932. Wolfgang Schadewaldt, *Griechische Sternsagen.* Frankfurt am Main 1956.

Drache: *The Babylonian Epic of Creation, Restored from the newly recovered Tablets of Assur. Transcription, Translation & Commentary by S. Langdon.* Oxford 1923.

Skorpion: Rev. W. W. Gill (Hrsg.), *Myths and Songs from the South Pacific.* London 1876.

Krebs: Rudyard Kipling, *Das kommt davon.* Berlin o.J.

Widder, Wolf: F. S. Krauß (Hrsg.), *Märchen und Sagen der Südslawen.* Leipzig 1883.

Fische: Karl Knortz, *Märchen und Sagen der nordamerikanischen Indianer.* Jena 1871.

Stier: Oskar Dähnhardt (Hrsg.), *Naturgeschichtliche Volksmärchen,* Band I.

insel taschenbücher für kinder

David McKee. Zwei Admirale.
Aus dem Englischen von Harry Rowohlt. Vierfarbendruck. it 417

Guillermo Mordillo. Das Giraffenbuch.
Cartoons. Mit mehrfarbigen Abbildungen. it 37

Guillermo Mordillo. Das Giraffenbuch 2.
Cartoons. Mit mehrfarbigen Abbildungen. it 71

Guillermo Mordillo. Träumereien und andere wunderliche
Geschichten. Mit mehrfarbigen Abbildungen. it 108

Neuester Orbis Pictus.
Die Welt in Bildern für fromme Kinder. Vierfarbendruck. it 9

Das Poesiealbum. Verse zum Auf- und Abschreiben.
Gesammelt von Elisabeth Borchers. Mit Bildern und Vignetten.
it 414

Wilhelm Schlote. Briefe an Sarah.
Vierfarbendruck. it 568

Wilhelm Schlote. Fenstergeschichten.
Vierfarbendruck. it 103

Walter Schmögner. Das unendliche Buch.
Vierfarbendruck. it 40

Walter Schmögner. Das Guten-Tag-Buch.
Vierfarbendruck. it 496

Johanna Spyri. Heidi.
Vollständige und ungekürzte Ausgabe in einem Band. Mit Illu-
strationen von Paul Hey. it 351

Hans Traxler. Es war einmal ein Mann.
Vierfarbendruck. it 454

Hans Traxler. Fünf Hunde erben 1 Million.
Text und Bilder von Hans Traxler. Vierfarbendruck. it 562

László Varvasovsky. Das Schneebärenbuch.
Vierfarbendruck. it 381

insel taschenbücher für kinder

Wassillissa, die Wunderschöne und andere russische Märchen,.
Mit Bildern von Ivan Bilibin. Nacherzählt von Elisabeth Borchers.
Vierfarbendruck. it 452